Made in the USA
Las Vegas, NV
05 December 2024

13422096R00111